생명을 살리는 성경공부 5

개혁주의생명신학 7대 실천운동

하나님나라운동

지은이 **장 종 현**

장종현 박사는 충남 아산시 영인면 성내리 안골에서 농부의 아들로 태어났습니다. 중학교 3학년 때 예수님을 영접한 이후 무릎 꿇고 받은 사명을 감당하기 위해 1976년 11월 1일 "진리가 너희를 자유케 하리라"(요 8:32)는 말씀을 붙잡고 백석학원(백석대학교, 백석문화대학교, 백석예술대학교, 백석대학교평생교육신학원)과 기독교연합신문사를 설립했습니다.

그는 백석학원이 세상에 존재하는 또 하나의 대학이 아니라 오직 하나님의 말씀에 의해서 사람을 변화시키고 영적 생명을 살리는 기독교 대학을 세우기 위해 일평생 헌신하고 있습니다.

그는 개혁주의 5대 표어를 생명처럼 여기면서 신학이 학문으로 전락해서는 안 되고 그리스도의 생명이어야 한다는 것을 깊이 깨닫고 개혁주의생명신학을 주창했습니다. 개혁주의생명신학은 개혁주의신학을 실천하는 운동입니다.

본서는 개혁주의생명신학 7대 실천운동이 삶 속에서 생명을 살리는 신학으로 자리매김을 하도록 안내하는 성경공부 교재입니다.

오직 하나님께 영광!

백석연구소 총서 5-5

생명을 살리는 성경공부 5

개혁주의생명신학 7대 실천운동 : 하나님나라운동

발행일 2019년 10월 25일 초판 1쇄
지은이 장종현
발행처 백석정신아카데미
충청남도 천안시 동남구 문암로 76
전화: 041)550-2090 팩스: 041)550-0450
문제출제 김병국(백석대학교 기독교학부)
펴낸곳 기독교연합신문사(도서출판 UCN)
등록번호: 제21-347호 등록일자: 1992년 6월 28일
주소: 서울특별시 서초구 남부순환로 2221 5층
전화: 02)585-0812 팩스: 02)585-6683
전자우편: ucndesign@naver.com
디자인·인쇄 기독교연합신문사 디자인실
ISBN 978-89-6006-912-1 93230

이 책의 수익금은 백석대학교 발전기금으로 기부됩니다.

생명을 살리는 성경공부 5

개혁주의생명신학 7대 실천운동

하나님나라운동

장종현 지음

도서출판 UCN

5. 하나님나라운동

교회와 세상을 변화시키는 개혁주의생명신학 7대 실천운동 되어야

제가 2010년 5월 21일에 총회의 목회자와 신학자, 성도들이 함께한 자리에서 '개혁주의생명신학 선언'을 하게 된 것은 성경의 권위를 회복한 신학, 교회에 생명을 불어넣는 목회, 예수 그리스도의 인격을 닮은 성도들만이 한국교회를 회복할 수 있다는 확신 때문입니다. 한국교회는 평양 대부흥 운동으로 성령의 역사를 뜨겁게 체험하였지만, 선교 130여 년이 지난 지금 거룩한 신앙의 열정을 잃어버렸습니다. 교회가 하나님을 물질과 명예로 가두어 놓았고, 신학교가 하나님을 학문으로 가두어 놓았습니다. 오늘날 한국교회는 복음의 본질을 상실하였습니다.

그 결과 한국교회는 예수 그리스도의 생명이 나를 지배하는 믿음의 실상을 잃어버렸습니다. 개혁주의생명신학은 그리스도께서 내 안에 사시고 내가 그리스도 안에 사는 영적 삶을 통해 개혁주의 신학을 실천하는 운동입니다. 이는 새로운 신학을 만들려는 것이 아니요, 개혁주의신학에 생명을 불어넣음으로써 개혁주의신학을 활성화하려는 것입니다.

저는 개혁주의생명신학을 실천하기 위해 7대 실천운동을 제시했습니다. 이는 신앙운동과 신학회복운동, 회개용서운동, 영적생명운동, 하나님나라운동, 나눔운동, 기도성령운동입니다. 이번에 발간되는 『생명을 살리는 성경공부』는 개혁주의생명신학 7대 실천운동을 쉽게 이해하고 그것을 삶에 적용할 수 있도록 작성된 성경공부 교재입니다. 금번 이 책을 발간한 목적은 개혁주의생명신학 7대 실천운동이 단지 구호로만 그치지 않고, 성도들의 생활 속에서 실천되도록 안내하는 데 있습니다. 실천이 왜 그토록 중요합니까? 한국교회가 예수님을 머리로만 알려고 하고 순종하지 못하기 때문입니다.

우리가 예수님의 생애에 대해서 안다고 해서 믿음이 있는 것은 절대로 아닙니다. 성경 66권을 다 외우고, 신학을 논리적으로, 체계적으로 가르친다고 해서 믿음이 있는 것도 아닙니다. 서기관과 바리새인들도 성경을 많이 알고 있었지만 예수님을 믿지 않았습니다. 믿음은 마음으로 믿고 순종하는 것입니다. 로마서 10장 10

절에 "사람이 마음으로 믿어 의에 이르고 입으로 시인하여 구원에 이르느니라"고 말씀합니다. 참된 믿음은 행함 즉 실천을 요구합니다. 야고보서 2장 17절은 "이와 같이 행함이 없는 믿음은 그 자체가 죽은 것이라"고 말씀합니다. 영적 생명이 회복된 사람만이 순종할 수 있고, 순종하는 사람만이 참된 믿음을 가진 사람입니다.

이미 출판된 『백석학원의 설립정신』(2014년)과 『개혁주의생명신학 선언문』(2017년), 『개혁주의생명신학 7대 실천운동』(2018년)과 함께 오늘 발간되는 『생명을 살리는 성경공부』(2019)는 신학은 학문이 아니라 영적 생명을 살리는 복음이며, 나아가 교회와 세상을 변화시키는 마중물이 되어야 한다는 개혁주의생명신학의 근본 취지를 드러내고 있습니다. 아무쪼록 우리 총회와 백석학원이 한국교회와 세계교회를 새롭게 변화시키는 데 중심 역할을 감당하며, 나아가 제2의 종교개혁의 거룩한 불씨를 던져 생명을 살리는 진원지 역할을 감당하는 일에 조금이나마 도움이 되기를 바라는 마음을 담아 본 교재를 세상에 내놓습니다.

2019년 11월 1일
(백석학원 설립 43주년에 즈음하여)

백석대학교·백석문화대학교·백석예술대학교
백석대학교평생교육신학원·기독교연합신문사

설립자 장종현 박사

하나님나라운동 | 첫째주

1 하나님은 만왕의 왕이요 만주의 주

핵심 성경구절

"이는 만물이 주에게서 나오고 주로 말미암고 주에게로 돌아감이라 그에게 영광이 세세에 있을지어다 아멘"(롬 11:36).

'하나님나라운동'은 사회, 경제, 교육, 문화, 예술 등 우리의 신앙과 삶의 모든 영역에서 성령의 도우심을 통해 예수 그리스도의 주(主) 되심을 실현하는 운동입니다. 하나님께서는 이 세상의 모든 분야에서 왕으로서 통치하셔야 합니다. 예수 그리스도께서는 십자가를 통해 죄의 권세를 이기셨고, 이제 우리를 통해 모든 영역에서 자신의 왕권을 회복하기를 원하십니다.

- 『개혁주의생명신학 7대 실천운동』, 15.

week

01 하나님은 만왕의 왕이요 만주의 주

1. 세상 만물은 어떻게 해서 생겨나게 되었습니까?

창 1:1-2 --

세상의 모든 것은 하나님의 피조물입니다. 하나님 외에 다른 창조자는 없습니다. 세상은 하나님에 의해, 하나님의 영광을 위해 창조되었습니다.

요 1:1, 3 --

이 구절에서 '말씀'은 예수님을 뜻합니다. 세상은 성부, 성자, 성령, 삼위일체 하나님에 의해 창조되었습니다. 이것은 예수님이 인간의 몸을 입고 세상에 오신 하나님이심을 보여 주고 있습니다.

창조와 타락

2. 하나님께서 세상을 창조하신 목적은 무엇입니까?

롬 11:36 ....

....

세상에 존재하는 모든 것들은 하나님에 의해 창조된 것입니다. 그것들의 존재 목적은 하나님께 영광을 돌리는 것입니다. 그러므로 그것들이 사탄의 목적에 사용되거나 인간의 욕망을 위해 남용되는 일이 없도록 우리는 세심한 주의를 기울여야 합니다.

사 43:7 ....

....

인간은 하나님의 창조의 절정입니다. 세상의 다른 피조물들은 그것들이 존재 자체로 자연스럽게 하나님께 영광을 돌리지만 인간은 자신의 의지를 통해 하나님께 영광을 돌릴 수 있습니다. 하나님께서는 우리가 자발적인 순종을 통해 하나님께 영광을 돌리는 것을 매우 기뻐하십니다.

3. 그런데 왜 세상에는 악이 존재합니까?

창 3:6 ____________________

____

인간은 사탄의 유혹을 받아 죄를 범했습니다. 먼저 하와가 죄를 범했고 곧이어 아담도 그 죄에 동참했습니다. 인간의 죄 때문에 세상에는 악이 생겨나게 되었습니다.

롬 5:12 ____________________

____

죄의 결과 인간은 사망의 고통을 겪게 되었습니다. 그것은 아담과 하와만이 아니라 자연적인 방법으로 출생한 그들의 모든 후손들도 마찬가지입니다. 우리 모두는 죄로 인해 망가진 세상 속에서, 하나님과 유리된 체 살다가, 영원한 지옥 형벌을 받을 운명에 처하게 되었습니다.

회복과 구원

4. 죄로 인한 저주와 악을 극복할 수 있는 방법은 무엇입니까?

요 3:16

죄로 인한 저주와 악을 극복할 수 있는 방법은 하나님의 독생자이신 예수님을 믿는 것입니다. 하나님께서는 그를 믿는 자는 멸망하지 않을 것이라고 분명하게 약속하셨습니다.

요 12:31-32

이 구절에서 예수님이 땅에서 들린다는 것은 십자가와 승천을 의미합니다. 그리고 '이 세상의 임금'은 사탄을 뜻합니다. 예수님의 십자가로 사탄은 패배했습니다. 사탄은 예수님의 이름이 선포되는 곳에서는 물러날 수밖에 없습니다.

5. 십자가의 공로를 통해 우리가 해야 하는 일은 무엇입니까?

마 28:19 --

'아버지와 아들과 성령의 이름으로 세례를 베풀'라는 것은 삼위일체 교리로 대표되는 건전한 교리를 가르치고 세례를 베풀라는 것입니다. 십자가의 의미를 깨달은 우리는 다른 이들에게 그것을 정확하게 가르쳐야 합니다.

요 10:9-10 --

예수님을 믿어서 사탄의 저주로부터 해방을 받으면 우리는 예수님의 은혜 가운데서 살게 됩니다. 예수님께서는 우리를 자신의 양이라고 부르십니다. 목자가 양들을 돌보듯이 우리를 친히 돌보아주실 것을 약속하셨습니다.

회복과 구원

6. 그렇다면 우리가 가장 먼저 해야 할 일은 무엇입니까?

막 16:15-16 ______________________________

____

____

____

하나님의 은혜를 체험한 자들이 가장 먼저 해야 할 일은 온 천하에 다니며 만민에게 복음을 전하는 일입니다. 복음전도야말로 우리를 구원해 주신 하나님의 뜻입니다.

행 20:24

복음을 전하는 일을 가장 잘 실천했던 사람들 중 하나가 바로 사도 바울입니다. 그는 복음을 전하는 일을 위해서는 자신의 생명을 희생하는 것도 마다하지 않는다고 고백합니다. 사실 이것은 구원을 받은 우리 모두의 고백이 되어야 합니다.

7. 복음 전파 이후에 해야 할 일은 무엇입니까?

마 28:20

다른 사람을 믿게 만들었다면 이제는 그로 하여금 예수님의 교훈을 지키며 살도록 만들어야 합니다. 예수님께서는 '내가 너희에게 분부한 모든 것'을 가르치라고 하셨고 그것을 '지키게 하라'고 하셨습니다. 하나님을 믿는 사람들은 반드시 예수님의 교훈을 배우고 그것을 실천해야 합니다.

약 1:25

하나님께서는 야고보를 통해 하나님의 말씀을 받는 자들이 취해야 할 태도를 알려 주십니다. 그것은 하나님의 말씀을 듣는 데서 그치는 것이 아니라 그것을 실천하는 것입니다. 하나님께서는 그렇게 하는 자에게 복을 주시겠다고 약속하셨습니다.

NOTE

핵심 포인트

하나님나라운동은 세상 모든 영역 속에서 하나님의 뜻이 이루어지도록 하자는 운동입니다. 이 운동을 실천하기 위해서는 몇 가지를 먼저 알아야 합니다. 우선 하나님께서 천지만물의 창조주이심을 알아야 합니다. 그리고 십자가를 통해 우리를 구원해 주신 하나님께서 우리가 세상 속에서 하나님의 뜻을 실천해 가기를 원하신다는 사실을 알아야 합니다. 예수님의 교훈을 실천해 세상을 바꾸어 나가는 것이 곧 하나님나라운동입니다.

한 주간 기도

하나님 아버지, 우리에게 십자가를 허락해 주셔서 우리를 구원해 주신 것을 감사드립니다. 구원 받은 우리가 예수님의 교훈을 잘 실천하여서 이 세상을 변화시키게 하옵소서.

week

01 하나님은 만왕의 왕이요 만주의 주

한 주간의 실천

말씀의 거울로 본 나의 삶	월	화	수	목	금	토	주일
1. 복음을 전할 대상자를 위해 기도했는가? 내가 품고 기도하는 태신자는 누구인가? ( )							
2. 내가 실천해야 할 예수님의 교훈과 나에게 주어진 사명이 무엇인지 찾아서 기록해 보자 ※ 내가 잘할 수 있고, 이웃에게 유익이 되며, 하나님이 기뻐하시는 일이 사명이 될 가능성이 높다.							
3. 요즘 국가와 정치인을 위한 기도가 절실히 필요한 때다. 국가의 운명을 좌우하시는 분은 하나님이시고, 정치인들은 청지기일 뿐이다. 정치인들을 위해 기도했는가?							

하나님나라운동 | 둘째주

2 성경에 나타난 하나님나라운동

핵심 성경구절

"세계가 다 내게 속하였나니 너희가 내 말을 잘 듣고 내 언약을 지키면 너희는 모든 민족 중에서 내 소유가 되겠고"(출 19:5).

하나님나라운동은 하나님의 자녀들이 교회 안에서뿐만 아니라 세상 속에서도 하나님의 뜻대로 살아감으로써 하나님께 영광을 돌리고, 그렇게 함으로써 복음을 전하고자 하는 운동입니다. 그것은 복음을 전하기 위해 꼭 필요한 일임과 동시에 또한 예수님이 명령하신 일이기도 합니다.

-『개혁주의생명신학 7대 실천운동』, 103.

week

02 성경에 나타난 하나님나라운동

1. 하나님은 정말로 세상 모든 것을 다스리시는 분입니까?

출 19:5 ______________________________

____

____

세상의 모든 것의 주인은 하나님이십니다. 왜냐하면 하나님께서 모든 것을 창조하셨기 때문입니다. 우리는 세상 모든 것을 다스리시는 분은 오직 하나님이시라는 사실을 늘 명심해야 합니다. 이것이 하나님나라운동의 기초입니다.

시 47:7 ______________________________

____

하나님이 온 땅의 왕이시기 때문에 우리는 그분을 찬송해야 합니다. 지혜의 시로 찬송하라는 말씀은 우리의 감정만이 아니라 지성을 사용하여 하나님을 찬송하라는 것입니다. 우리는 지, 정, 의 모든 것을 다하여 하나님을 찬송해야 합니다.

학문의 주인

2. 학문의 주인은 하나님이십니까?

삼상 2:3 ---

성경은 하나님께서 지식의 하나님이시라고 분명히 말씀합니다. 하나님의 계시인 성경을 이해하고 세상 만물의 이치를 탐구하여 활용할 수 있는 지적인 능력을 우리에게 주신 분은 하나님이십니다. 그렇기 때문에 우리는 지성을 활용하여 하나님을 섬기는 일에 열심을 다해야 합니다.

욥 38:31-33 ---

그러나 인간의 지성과 지식에는 한계가 있습니다. 하나님께서 우리에게 지성을 주시되 무한히 주신 것은 아닙니다. 그렇기 때문에 우리는 창조주 하나님 앞에서 늘 겸손한 자세로 자신을 낮추며 하나님의 도우심을 구해야 합니다.

3. 성경에 나타난 올바른 학문의 예는 무엇입니까?

사 50:4 --

하나님께서 우리에게 원하시는 것은 지식을 통하여 하나님의 뜻을 깨달아 하나님께 영광을 돌리고 다른 이들을 바른 길로 인도하는 것입니다. 우리는 하나님의 귀한 선물인 지성과 지혜를 인간의 교만이 아니라 하나님의 영광을 위해 사용하도록 늘 주의해야 합니다.

호 4:6 --

하나님을 아는 바른 지식이 없어졌을 때 사람들은 망하게 됩니다. 올바른 지식을 깨닫고 그것을 소중히 간직하는 것은 매우 중요한 일입니다. 본문은 백성의 지도자들이 지식을 버렸을 때 백성 전체에게 임하게 될 비극을 깨우쳐 주고 있습니다. 지식을 맡은 자들의 임무는 이토록 소중합니다.

예술의 주인

4. 예술의 주인은 하나님이십니까?

전 3:11 ....

....

....

이 세상에 아름다움을 부여하신 분은 하나님이십니다. 하나님께서는 이 세상의 만불들이 기능적으로 잘 돌아가도록 하셨을 뿐만 아니라 그것들이 아름답도록 하셨습니다. 그 아름다움을 발견하고 그것을 통하여 하나님을 찬양하는 것은 주의 자녀들이 마땅히 해야 할 일입니다.

사 35:2 ______________________________

____

하나님께서 창조하신 자연은 왜 그토록 아름다울까요? 왜냐하면 그것을 창조하신 하나님이 아름다우신 분이기 때문입니다. 본문은 자연을 통해 나타나는 아름다움은 하나님의 아름다움을 반영하는 것이라고 말씀합니다.

5. 성경에 나타난 올바른 예술의 예는 무엇입니까?

삼상 16:23 ______________________________

____

다윗이 수금을 연주하자 사울왕에게 임했던 악령이 떠나갔다고 말씀하십니다. 음악이 하나님의 뜻에 따라 올바르게 사용되자 하나님께서 음악을 통해 하나님의 역사를 이루셨다는 것입니다. 예술은 세상 속에서 하나님의 역사를 이루는 중요한 도구가 될 수 있습니다.

대상 9:33 --

레위 지파는 이스라엘 열두 지파 중에서도 하나님을 섬기는 일을 맡았던 특별한 지파입니다. 그런데 찬송을 맡은 자들은 그중에서도 최고인 '레위 우두머리'라고 말씀하고 있습니다. 이것은 하나님께서 찬송을 얼마나 소중하게 여기시는지를 보여 줍니다. 예술은 정말로 중요합니다.

학문의 주인

6. 공학과 기술의 주인은 하나님이십니까?

창 6:14-15 ____________________

____

하나님께서는 노아에게 방주를 그냥 선물로 내려주셨을 수 있었음에도 불구하고 노아에게 그것을 짓게 하셨고, 그것의 재료와 식양을 자세하게 지시하셨습니다. 공학의 주인도 하나님이심을 보여 주신 것입니다. 하나님은 만물의 설계자요 창조자이십니다.

출 31:2-4 ____________________

____

____

____

____

하나님께서는 성막을 만들 때 브살렐과 오홀리압에게 하나님의 영을 충만하게 하셨다고 말씀합니다. 하나님의 영은 제사장이나 목사를 세우실 때만 임하신 것이 아닙니다. 공학자와 건축가를 세우실 때도 그에게 하나님의 영이 충만하게 하셨습니다.

7. 성경에 나타난 올바른 공학과 기술의 예는 무엇입니까?

민 8:4 ……………………………………

……………………………………

하나님께서는 성막 기구들의 자세한 양식을 모세를 통해 알려 주십니다. 모든 공학자들은 자신들의 업적이 사실은 하나님으로부터 비롯된 것임을 알고 그 재능을 통해 하나님께 영광을 돌리도록 노력해야 합니다.

잠 22:29 ……………………………………

……………………………………

본문은 자신의 일에 성실한 자가 받을 복에 대해 말씀합니다. 하나님이 주신 재능에 따라 그 일에 성실한 자는 하나님께 복을 받아 왕 앞에 서게 될 것입니다. 그것은 꼭 제사장이나 목사만이 누리는 복이 아닙니다. 하나님이 모든 은사의 근원이심을 인정하고 자신의 일에 최선을 다하는 모든 사람이 누릴 복입니다.

NOTE

핵심 포인트

하나님은 창조주이십니다. 모든 것은 그분의 것입니다. 학문과 예술도 예외가 아닙니다. 하나님께서는 우리에게 지성을 주셔서 성경 말씀과 자연을 통해 계시된 하나님의 뜻을 이해하게 하셨고, 우리에게 예술적 재능을 주셔서 그것을 사용하여 하나님께 영광을 돌리게 하셨습니다. 우리는 학문과 예술을 통해 사람을 높이고 자연 자체를 찬미하는 것이 아니라, 그 모든 것들을 창조하신 하나님을 찬양하도록 노력해야 합니다.

한 주간 기도

하나님 아버지, 우리들에게 지성을 주시고 예술적인 재능을 허락해 주셔서 감사합니다. 이 모든 것들을 통하여 하나님께 영광을 돌리며 살게 하여 주시옵소서.

week

02 성경에 나타난 하나님나라운동

한 주간의 실천

말씀의 거울로 본 나의 삶	월	화	수	목	금	토	주일
1. 학자들이 하나님께 영광을 돌리도록 기도를 드렸는가?							
2. 하나님의 영광을 위해 일하는 예술가들을 돕기 위해 내가 할 수 있는 일을 고민해 보았는가?							
3. 기술자들이 하나님께 영광을 돌리려면 어떻게 해야 할지를 생각해 보았는가? ※ 하나님이 재능과 은사의 근원이심을 인정하고 이를 통해 하나님께 영광을 돌리도록 하자.							

3

하나님나라운동 | 셋째주

하나님나라운동의 실천 원리

핵심 성경구절

"하나님이여 주는 하늘 위에 높이 들리시며 주의 영광이 온 세계 위에 높아지기를 원하나이다"(시 57:5).

예수님께서는 십자가를 앞두시고 "이제 이 세상에 대한 심판이 이르렀으니, 이 세상의 임금이 쫓겨나리라"(요 12:31)고 말씀하셨습니다. 개혁주의생명신학은 하나님의 이름이 세상 모든 분야에서 높아지시는 것을 목표로 두고 있고, 우리는 그것을 하나님나라운동이라고 부릅니다. 그리고 하나님나라운동을 실천하기 위해 필요한 성경적인 기준을 기독교 세계관이라고 부릅니다. 개혁주의생명신학은 영혼 구원만이 아니라 하나님의 통치를 세상의 모든 분야에서 실현하기 위해 애쓰고 있습니다.

- 『개혁주의생명신학 7대 실천운동』, 164.

1. 우리 삶의 각 분야에서 하나님나라운동을 실천하려면 어떤 원칙을 가져야 합니까?

고전 10:31 ....

....

먹는 것과 마시는 것은 우리가 매일 행하는 가장 기본적인 일입니다. 그러므로 이 말씀은 우리가 무슨 일을 하든지 그것은 하나도 남김없이 모두 하나님의 영광을 위한 일이 되어야 한다는 것입니다. 교회에서 하는 일만이 아니라 우리가 하는 모든 일의 목표는 하나님의 영광이 되어야 합니다.

시 57:5 ....

....

본문은 하나님의 영광이 높아지기를 간절히 소망하는 신자의 마음을 표현합니다. 무슨 일을 하든지 하나님께 영광을 돌리기 위해서는 하나님의 영광을 드러내고자 하는 간절한 소원을 가지고

일상의 삶을 살아야 합니다.

정치와 경영에서의 하나님나라운동

2. 하나님의 뜻에 따라 정치를 하려면 어떻게 해야 합니까?

시 22:28 ....

정치인들은 국가의 운명을 좌우하시는 분은 하나님이시라는 것을 명심해야 합니다. 정치인들은 자신들이 하나님의 뜻을 이 땅에 실현하기 위한 청지기에 불과하다는 것을 알고 하나님의 뜻을 살피고 그 뜻에 순종하기 위해 노력해야 합니다.

출 32:31-32 ....

....

....

....

본문은 모세가 자신의 백성들을 얼마나 사랑했는지를 보여 줍니다. 지도자들은 하나님께서 그들에게 맡기신 사람들을 이와 같이 사랑해야 합니다. 하나님께서는 사람들을 사랑하십니다. 지도자로 세움을 받은 자는 그들에 대한 하나님의 사랑을 이해해야 합니다.

3. 하나님의 뜻에 따라 경영하려면 어떻게 해야 합니까?

신 8:18 --

경영인들, 자본가들은 하나님께서 그들에게 재물을 얻을 능력을 주셨기 때문에 자신들이 부자가 될 수 있었다는 것을 알고 겸손해야 합니다. 하나님께서 사람마다 하나님의 뜻에 따라 각기 다른 재능을 주셨는데 그에게는 재물을 얻을 능력을 주셨을 뿐입니다. 그러므로 그는 하나님과 사람들 앞에서 늘 겸손해야 합니다.

레 19:13 --

경영인, 자본가가 재물을 얻는 것은 다른 사람들이 노동을 통해 그들을 돕기 때문입니다. 하나님께서는 그들에게 정당한 삯을 약속된 때에 지불하라고 명령하십니다. 기업인은 하나님의 재물의 관리자, 청지기일 뿐 그 재물의 궁극적 주인이 아닙니다. 재물을 제대로 관리했는지의 여부를 두고 마지막 날 하나님께서 책임을 물으실 것입니다.

노동과 교육에서의 하나님나라운동

4. 하나님의 뜻에 따라 노동하려면 어떻게 해야 합니까?

엡 6:5-7 --

여기서 종들이란 오늘날로 말하면 노동자, 직원을 말합니다. 하

나님께서는 직장에서 일할 때 그것을 하나님의 일을 하듯이 하라고 말씀하십니다. 믿는 자들에게는 거룩한 일과 세속적인 일의 구별이 없습니다. 왜냐하면 하나님께서는 세속적인 일도 거룩한 일처럼 행하라고 명령하시기 때문입니다.

골 3:22-23 ______________________________

하나님의 명령에 순종하면 하나님께서 그 대가를 주십니다. 하나님의 일을 하듯 세상일을 열심히 성실하게 하라고 하셨으니 그 말씀에 순종하면 하나님께서 직접 상을 주실 것입니다. 우리는 직장에서나 어디서나 맡은 일에 충실한 모습을 사람들에게 보여 주어야 합니다.

5. 하나님의 뜻에 따라 교육을 하려면 어떻게 해야 합니까?

잠 1:7 ______________________________

하나님의 뜻에 맞는 교육은 하나님을 경외하는 것이 지식의 근본임을 가르치는 교육입니다. 다른 것은 부차적인 것에 불과합니다. 하나님을 경외할 줄 모르는 자가 지식만 많이 가진다면 그것은 쓸모없는 일입니다. 어쩌면 그 지식은 사람들을 해치고 망하게 하는 데 사용될지도 모릅니다.

신 32:46-47

하나님께서는 하나님의 뜻에 맞는 올바른 교육을 시켰을 때 반드시 그 상을 주실 것이라고 말씀합니다. 그러므로 교육을 맡은 사람들은 하나님께서 상을 주실 것을 바라보면서 하나님의 뜻에 맞는 교육을 다음 세대에게 베풀어야 합니다. 그 일은 생명과 같이 중요한 일입니다.

섬김과 환경 보호에서의 하나님나라운동

6. 하나님의 뜻에 따라 섬김을 실천하려면 어떻게 해야 합니까?

눅 22:27 ______________________________

____

예수님께서는 친히 섬기는 자의 본을 보여 주셨습니다. 그리고 예수님의 제자인 우리들에게 그 본을 따르도록 명령하셨습니다. 그러므로 우리는 기꺼이 다른 사람들을 섬기는 자세를 가지고 세상을 살아야 합니다.

마 20:26-27 ______________________________

____

____

세상에서는 큰 자가 작은 자의 섬김을 받습니다. 그것을 당연하게 여깁니다. 그러나 하나님의 백성들 가운데서는 큰 자가 작은 자를 섬겨야 합니다. 낮은 자를 위해 종노릇해야 합니다. 왜냐하면 우리 주님께서 우리를 위해 그렇게 하셨기 때문입니다.

7. 하나님의 뜻에 따라 환경 보호를 하려면 어떻게 해야 합니까?

창 1:26 ____________________

____

____

하나님께서는 세상을 창조하신 후 그 모든 것들을 돌볼 권한을 인간에게 주셨습니다. 그러므로 인간은 만물을 돌보되 그 권한을 우리에게 주신 하나님의 뜻에 따라 돌보아야 합니다. 하나님의 뜻에 맞지 않게 자연을 훼손하고 동물을 학대하는 따위의 일을 해서는 안 됩니다.

시 24:1 ____________________

____

____

week 03 하나님나라운동의 실천 원리

세상 만물의 소유권은 그것을 창조하신 하나님께 있습니다. 인간은 다만 그것을 위임받은 청지기로서 그것들을 관리할 뿐입니다. 하나님께서는 자신이 창조하신 세상을 사랑하십니다. 우리도 하나님의 사랑을 가지고 세상 만물을 대해야 합니다.

핵심 포인트

하나님께서는 세상을 창조하시고 그것을 관리할 권한을 인간에게 주셨습니다. 우리는 다만 하나님의 청지기일 뿐입니다. 그러므로 우리는 우리의 뜻이 아니라 하나님의 뜻에 따라 세상을 관리할 책임이 있습니다. 정치를 하든 기업을 운영하든 자연을 관리하든 그 원리는 똑같습니다.

한 주간 기도

하나님 아버지, 우리에게 세상을 관리할 귀한 책임을 주셨으니 감사를 드립니다. 하나님의 뜻을 잘 깨닫고 그 뜻을 실천하는 선한 청지기들이 되게 하여 주시옵소서.

한 주간의 실천

말씀의 거울로 본 나의 삶	월	화	수	목	금	토	주일
1. 하나님의 뜻에 맞는 교육은 하나님을 경외하는 것이 지식의 근본임을 가르치는 교육이다. 기독교인 교사들을 위해 기도를 드렸는가?							
2. 세상 만물의 소유권은 그것을 창조하신 하나님께 있고 인간은 청지기로서 그것들을 관리할 뿐이다. 환경을 보호하기 위해 실천한 일이 있다면 기록해 보자.							
3. 기독교인 경영자 혹은 직원으로서 부끄러움이 없이 살았는가? 세상에서는 큰 자가 작은 자의 섬김을 받지만, 하나님의 자녀들은 큰 자가 작은 자를 섬겨야 한다. 섬기는 리더십을 실천한 사례가 있는가?							

4 일상에서 실천해야 할 하나님나라운동

핵심 성경구절

"내게 주신 모든 은혜를 내가 여호와께 무엇으로 보답할까"(시 116:12).

우리는 "하나님 아는 것을 대적하여 높아진 것을 다 무너뜨리고 모든 생각을 사로잡아 그리스도에게 복종하게 하니"(고후 10:5)라는 말씀이 이루어지도록 해야 합니다. 하나님은 교회에서뿐만 아니라 정치계, 체육계, 연예계 등에서도 모두 왕으로 섬김을 받으셔야 합니다. 그것이 하나님나라운동의 목표입니다.

- 『개혁주의생명신학 7대 실천운동』, 112.

1. 우리 주변에서 하나님나라운동을 실천하려면 어떤 기본자세를 가지고 있어야 합니까?

갈 2:20 ______________________________

____

____

우리 주변에서 당장 하나님나라운동을 실천하려면 내 삶의 주인이 내가 아니라 내 안에 계신 예수님이심을 기억해야 합니다. 나 자신이 산다면 내 욕심과 욕망에 따라 살겠지만 이제는 그럴 수 없습니다. 십자가에 달려서 나를 구원해 주셨고 이제는 나의 삶의 주인이신 예수님의 뜻대로 살아야 할 책임이 나에게 있습니다.

고전 15:31 ______________________________

____

____

나의 주인이신 예수님의 뜻대로 살겠다는 소원과 나의 옛사람의 욕심대로 살겠다는 욕망은 늘 충돌합니다. 사도 바울도 마찬가지였습니다. 그래서 그는 자신은 날마다 죽는다고 말합니다. 그것은 예수님의 뜻에 복종시키기 위해 자신을 늘 죽인다는 뜻이기도 하고 또한 그것이 그만큼 어렵다는 뜻이기도 합니다.

가정에 하나님나라가 임하게 하려면

2. 부모님을 어떻게 대해야 합니까?

출 20:12 ______________________________

____

하나님께서는 십계명을 주시면서 하나님에 대한 계명과 사람에 대한 계명을 주셨습니다. 그런데 부모를 공경하는 계명이 사람에 대한 계명들 중 첫 번째 것입니다. 부모님 공경이 그만큼 중요하다는 뜻입니다. 하나님을 섬기고 경외하는 자들은 부모님을 잘 공경해야 합니다. 하나님께서 상을 베푸실 것입니다.

엡 6:1-3 ________________________________

____

____

부모님께 순종하라는 계명은 지엄하기만 한 것이 아닙니다. 하나님께서는 그 계명이 중요한 만큼 그것에 순종하는 자들에 대한 축복도 매우 분명하게 밝히고 계십니다. 부모님께 순종하라는 계명은 약속이 있는 첫 계명입니다. 그렇기 때문에 하나님께서는 반드시 잊지 않으시고 거기에 대해 상을 베푸십니다.

3. 자녀들을 어떻게 대해야 합니까?

신 6:6-7 ________________________________

____

____

하나님께서는 부모들에게 매우 중요한 명령을 하십니다. 그것은 자녀들에게 하나님의 계명들을 가르치라는 것입니다. 자녀는 부모의 것이 아닙니다. 자녀는 하나님이 부모에게 맡기신 존재입니다. 그러므로 부모들은 하나님의 뜻대로 자녀를 양육해야 합니다.

엡 6:4 ....

부모는 자녀를 노엽게 해서는 안 됩니다. 부모들이 왜 자녀들을 노엽게 합니까? 하나님의 뜻이 아니라 부모의 뜻을 자녀에게 강요하기 때문입니다. 부모는 자신의 뜻이 아니라 오직 하나님의 교훈과 훈계로 자녀를 양육해야 합니다.

교회에서 실천하는 하나님나라운동

4. 교회는 가난한 자들에 대해 어떤 책임을 가지고 있습니까?

신 15:11 ....

교회는 가난한 자들을 잊지 말아야 합니다. 마음속으로 그들을 측은히 여기는 것만으로는 부족합니다. 하나님께서는 "그들에게 네 손을 펼지니라"라고 말씀하십니다. 그리고 "내가 네게 명령하여 이르노니"라고 말씀하십니다. 이렇게 분명하게 말씀하셨기 때문에 핑계를 댈 수 없습니다. 교회는 가난한 자들을 실제적으로 도와야 합니다.

행 4:34-35 --

초대교회의 특징은 그들 중에 가난한 사람이 없었다는 것입니다. 하나님의 은혜를 받으면 욕심이 없어집니다. 믿는 형제들에 대한 사랑과 긍휼이 마음속에 넘치게 됩니다. 영원한 천국을 선물로 받았다는 우리가 곧 사라져 버릴 세상의 재물에 사로잡혀 산다면 누가 우리를 보고 예수님을 믿으려 하겠습니까?

5. 교회는 이방인 등 사회적 약자들에 대해 어떤 책임을 가지고 있습니까?

출 22:21 --

이방 나그네란 오늘로 따지면 외국인 노동자 등을 말합니다. 우리는 그들을 선대해야 합니다. 왜냐하면 우리는 천국의 시민이고 이 세상을 나그네로서 살고 있기 때문입니다. 이 세상의 것은 영원한 것이 아닙니다. 지금 가지고 있는 것은 영원한 내 것이 아닙니다. 우리도 나그네입니다. 그러므로 다른 나그네들에게 긍휼을 베풀어야 합니다.

마 25:35-36 --

예수님께서는 우리가 이 세상을 사는 동안 예수님을 대접하고 예수님을 사랑하는 방법이 무엇인지를 설명하고 계십니다. 그것은 굶주린 자들에게 먹을 것을 주는 것이고 병든 자를 돌보는 일입니다. 예수님께서는 우리 주변에 가난한 자, 병든 자의 모습으로 변상을 하고 계실지도 모릅니다. 그들에게 긍휼을 베풀 때 예수님께서는 "그때 네가 나를 돌보았다"고 하시며 칭찬해 주실 것입니다.

국민으로서 하나님나라를 이 땅에

6. 우리는 남북통일을 위해 어떤 노력을 기울여야 합니까?

겔 37:16-17 ____________________

____

____

____

남북이 합하여 평화롭게 하나님께 영광을 돌리며 사는 것이 하나님의 뜻입니다. 사탄의 권세 아래서 신음하고 있는 북한 동포들을 위해 우리는 꾸준히 기도를 드려야 합니다. 하나님이 정하신 때가 되었을 때 하나님께서는 사탄의 권세를 물리치시고 북한 동포들에게도 자유와 구원의 빛을 비추어 주실 것입니다.

요일 3:14 ____________________

____

____

북한 동포들을 위해 기도하기 위해서는 그들을 향한 사랑의 마음이 우리 속에 있어야 합니다. 그들에 대한 사랑이 없이 어떻게 그들을 위해 기도할 수 있겠습니까? 그들을 사랑하는 방법은 예수님의 마음을 본받는 것입니다. 예수님께서는 북한 동포들을 사랑하십니다. 우리도 그래야 합니다.

7. 우리는 세계 평화를 위해 어떤 노력을 기울여야 합니까?

사 2:4 ______________________

____

____

하나님께서 원하시는 세상의 모습은 전쟁이 없는 세상입니다. 죄가 세상에 들어오기 전에는 증오가 없었고, 살인이 없었고, 전쟁이 없었습니다. 예수님의 피를 통해 구원을 받은 우리는 세상이 전쟁의 공포로부터 해방되도록 노력해야 합니다. 증오가 멈추도록 애써야 합니다. 죄악의 권세가 흥왕하지 않도록 힘을 보태야 합니다.

사 11:9 ______________________________

____

세상의 평화는 어떻게 해야 올 수 있습니까? 하나님을 아는 지식이 세상을 덮으면 평화가 옵니다. 세상 만민이 하나님을 알고, 하나님의 사랑을 알고, 그 사랑 때문에 세상에 오신 예수님을 알고, 예수님의 십자가의 사랑을 안다면 세상에 평화가 올 것입니다. 우리는 힘을 다해 복음을 전해야 합니다. 평화의 왕이신 우리 주 예수 그리스도의 복음을 말입니다.

핵심 포인트

하나님나라운동은 지금 당장 가정에서, 교회에서, 직장에서, 그리고 나라와 세상 속에서 실천할 수 있습니다. 그것을 실천하기 위해서는 나를 온전히 하나님의 것으로 드려야 하고, 나를 통해 하나님의 사랑, 하나님의 다스리심이 나타날 수 있도록 노력해야 합니다. 하나님의 사랑의 복음이 전해지는 곳에 하나님의 나라가 흥왕하게 될 것입니다.

한 주간 기도

하나님 아버지, 하나님의 뜻이 가정과 직장과 교회와 세상 가운데서 이루어지기를 원합니다. 우리를 통해 그 일이 이루어지기를 원하오니 하나님의 사랑으로 채워 주시옵소서.

한 주간의 실천

말씀의 거울로 본 나의 삶	월	화	수	목	금	토	주일
1. 부모님과 자녀에게 관심을 기울이고 대화를 했는가? 부모는 자신의 뜻이 아니라 오직 하나님의 교훈과 훈계로 자녀를 양육해야 한다.							
2. 함께 일하는 직장 동료들에게 친절하게 대했는가? 자신에게 주어진 일 외에도 주변 일을 자발적으로 하거나, 모순되는 상황에도 유연하게 대처하는 융통성을 발휘해 보자.							
3. 사회적 약자에게 관심을 기울였는가? 전쟁의 위협 속에 있거나 분쟁과 테러로 인해 불안 가운데 사는 사람들에게 관심을 가졌는가? 내가 할 수 있는 일이 있다면 참여하고, 접근할 수 없는 지역은 그들에게 평화의 왕이신 예수님이 전해져서 구원의 빛으로 나아올 수 있게 되길 기도하자.							

개혁주의생명신학
7대실천운동 해설

5. 하나님나라운동

세상에서
하나님의 주권을
실현하자

5. 하나님나라운동

'하나님나라운동'은 사회, 경제, 교육, 문화, 예술 등 우리의 신앙과 삶의 모든 영역에서 성령의 도우심을 통해 예수 그리스도의 주(主) 되심을 실현하는 운동입니다. 우리가 섬기는 하나님은 온 우주를 창조하신 분이시며, 모든 만물의 왕이신 분이십니다. 하나님께서는 이 세상의 모든 분야에 있어서 왕으로서 통치하셔야 합니다. 예수 그리스도께서는 십자가를 통해 죄의 권세를 이기셨고, 이제 우리를 통해 모든 영역에서 자신의 왕권을 회복하기를 원하십니다.

개혁주의생명신학은 하나님의 이름이 세상 모든 분야에서 높아지시는 것을 목표로 두고 있고, 그것이 하나님나라운동입니다. 하나님나라운동을 실천하기 위해 필요한 성경적인 기준을 기독교 세계관이라고 부릅니다. 기독교대학이 기독교 세계관에 근거하여 학문과 행정을 연구하여 학생들을 가르칠 때 그들이 세상을 바꾸어 나갈 것입니다. 세상 사람들은 그런 모습을 보면서 복음을 더 잘 받아들이게 될 것입니다. 개혁주의생명신학은 영혼 구원만이 아니라 세상의 모든 분야에 있어서 그리스도께서 주님 되심을 실현하려는 하나님나라운동입니다.

1. 핵심 성경구절

"이는 만물이 주에게서 나오고 주로 말미암고 주에게로 돌아감이라 그에게 영광이 세세에 있을지어다 아멘"(롬 11:36).

2. 서언

아프리카 르완다에서는 1963년부터 1994년까지 무려 31년 동안 투치족과 후투족 사이에 내전이 있었습니다. 그 결과 르완다 전체 인구 750만 명 중에서 50만 명이 사망하고 200만 명이 난민이 되었습니다. 우리는 이런 불쌍한 나라의 이야기를 들으면 '어서 그곳에 가서 복음을 전해서 그런 야만적인 전쟁이 일어나지 않게 해야지'라고 생각합니다. 그러나 르완다는 원래 벨기에의 식민 통치의 영향으로 인구의 80%가 명목상 기독교인인 국가입니다.

아프리카의 다른 나라인 K국은 국민의 90%가 명목상 기독교인인 나라입니다. 그러나 불행하게도 공무원들의 부패지수는 세계 4위인 나라입니다. 그 나라의 대통령은 기독교회의 장로이지만 세계에서 가장 부패한 정치인들 중 한 명으로 손꼽힙니다.

이런 이야기들은 무엇을 말해 줍니까? 기독교 신앙이라는 것이 영적인 문제로 끝나서는 안 된다는 것입니다. 기독교인들은 교회 안에서뿐만 아니라 교회 밖에서도 기독교인답게 살아야 합니다. 그래야 국가와 사회가 발전할 수 있고 불신자들에게 전도도 할 수 있게 됩니다. 예수님을 믿는다고 하면서 자기들끼리 전쟁하고 온갖 부정부패를 저지른다면 누가 그들을 보고 예수님을 믿으려 하겠습니까? 기독교인들은 세상 속에서도 하나님의 뜻을 실현해 가야 합니다.

3. 하나님나라운동의 정의

'하나님나라운동'은 사회, 경제, 교육, 문화, 예술 등 우리의 신앙과 삶의 모든 영역에서 성령의 도우심을 통해 예수 그리스도의 주(主) 되심을 실현하는 운동입니다. 우리는 세상 모든 분야 속에서 하나님의 뜻을 실천해 나가도록 노력해야 하고 그렇게 함으로 복음을 전해야 합니다. 그것이 바로 하나님나라운동입니다.

그리고 하나님나라운동을 실천하기 위해 필요한 성경적인 기준을 기독교 세계관이라고 부릅니다. 하나님이 만왕의 왕이시고 만주의 주이시기 때문에 하나님을 믿는 우리는 세상의 모든 것을 바라볼 때 하나님의 관점에서 바라보아야 합니다. 하나님의 관점이 어떤 것인지는 성경을 읽으면 발견할 수 있습니다. 성경이 제시하고 있는 하나님의 관점을 우리는 기독교 세계관이라고 칭합니다.

하나님을 믿는 사람들의 지상과제가 무엇입니까? 복음 전파입니다. 이 세상에 복음을 전하는 일보다 더 소중하고 다급한 일은 없습니다. 왜냐하면 모든 사람은 죽게 되어 있으며 죽음 후에는 하나님의 심판이 있기 때문입니다. "한 번 죽는 것은 사람에게 정해진 것이요 그 후에는 심판이 있으리니"(히 9:27). 누구도 하나님의 심판을 피할 수 없습니다. 그리고 이 심판 후에는 영원한 천국 혹은 지옥이 그들을 기다리고 있습니다. 한 번 영원한 운명이 결정된 다음에는 이를 돌이킬 수 없습니다. 그러므로 사람들은 죽기 전에, 살아 있을 때 복음을 듣고 회개해야 합니다. 그들이 천국에 갈 수 있도록 복음을 전하는 것이 우리의 사명입니다.

어떻게 복음을 전해야 하겠습니까? 물론 예수 그리스도의 십자가의 복음을 기회가 있을 때마다 전해야 합니다. 하나님께서는 "너는 말씀을 전파하라 때를 얻든지 못 얻든지 항상 힘쓰라"(딤후 4:2)고 엄히 명령하십니다.

하지만 말로 전하는 것만으로는 부족합니다. 우리는 바른 행위를 통해 하나님이 살아계심을 드러내야 합니다. 그렇기 때문에 예수님께서는 "이같이 너희 빛이 사람 앞에 비치게 하여 그들로 너희 착한 행실을 보고 하늘에 계신 너희 아버지께 영광으로 돌리게 하라"(마 5:16)고 말씀하셨습니다.

기독교인은 사는 모습이 달라야 합니다. 세상 사람들이 돈을 사람보다 더 귀하게 여길 때 하나님의 자녀들은 돈보다 사람을 더 귀하게 여겨야 합니다. 세상 사람들이 권력과 명예에 따라 사람들을 차별하고 자신보다 못한 사람들을 무시할 때 하나님의 자녀들은 모든 인간을 존중해야 합니다. 우리의 그런 모습을 보고 사람들은 하나님이 살아계신 것을 알고 우리가 전하는 복음에 마음을 열게 될 것입니다.

하나님나라운동은 하나님의 자녀들이 교회 안에서뿐만 아니라 세상 속에서도 하나님의 뜻대로 살아감을 통해 하나님께 영광을 돌리고, 그렇게 함으로써 복음을 전하고자 하는 운동입니다. 그것은 복음을 전하기 위해 꼭 필요한 일임과 동시에 또한 위에서 살펴본 대로 예수님이 명령하신 일이기도 합니다.

하나님나라운동은 매우 당연히 해야 할 일입니다. 왜냐하면 원래 세상의 왕은 하나님이시기 때문입니다. 인간의 죄 때문에 세상에서 마귀들이 활개를 치고 있기는 하지만 원래 세상의 주인은 하나님이십니다. 그러므로 우리가 세상 속에서 살면서 마귀의 뜻이 아니라 하나님의 뜻이 세상 속에서 펼쳐지도록 노력하는 것은 지극히 당연한 일입니다.

세상 속에서 하나님의 뜻을 실천해 나가려고 하면 어떻게 해야 하겠습니까? 성경적인 기준을 가지고 있어야 합니다. 그래서 세상의 모든 것들을 그 기준에 따라 하나님의 뜻에 맞추어 나가도록 노력해야 할 것입니다. 우리는 그 기준을 기독교 세계관이라고 부릅니다. 기독교 세계관은 세상의 모든 것을 세상 사람들이 보는 방식대로 보지 말고 하나님의 방식대로, 성경적인 방식대로 보자고 하는 것입니다.

우리는 예수님의 지상명령인 복음을 전하는 일에 힘써야 합니다. 그 일은 말만 잘하는 것으로는 실현되지 않습니다. 말은 번지르르 하게 하면서 기독교인들이 세상 사람들과 똑같이 못된 짓을 하면서 산다면 누가 복음에 귀를 기울이려고 하겠습니까? 그래서 우리는 세상에서 살 때도 하나님의 뜻대로 살아야 합니다.

4. 현재 교회와 기독교인들의 문제점들

하지만 현실은 어떻습니까? 기독교인들이, 교회들이 사회로부터 지탄을 받고 있습니다. 그 이유가 무엇입니까? 그들이 입으로는 멋진 복음을 외치지만 삶 속에서는 기독교인다운 삶의 모습을 보여 주지 못하고 있기 때문입니다. 나는 다음의 세 가지를 그 이유로 꼽고 싶습니다.

1) 행함에 대해 무관심하다

요즘 기독교인들은 믿음과 행함이 상관없다고 생각합니다. 아니, 상관은 있더라도 행함이란 구원과는 직접 연관이 없는 것이라고 생각합니다. 구원은 단지 믿음으로 받는 것이고 행함은 그저 얼마나 축복을 받느냐 하는 것과만 연관되어 있다고 생각합니다. 그래서 기독교인들이 세상 속에서 어떻게 살아야 하는지에 대해 관심이 없습니다. 그러다보니 교회에서는 열심히 신앙생활을 하지만 세상 사람들과 살 때는 그들과 똑같은 방식으로 살아가려고 합니다.

그런데 세상은 어떤 곳입니까? 악한 곳입니다. 하나님의 사랑이 아니라 미움이, 하나님의 정의가 아니라 부정이 지배하고 있는 곳입니다. 그런 곳에서 직장생활을 하고 사회생활을 하면서 세상 사람들과 비슷하게 살다 보니 기독교인들이 세상 사람들에게 전혀 모범을 보이지 못함으로써 전도의 문이 막히게 된 것입니다.

하지만 성경은 무엇이라고 말씀합니까? “행함이 없는 믿음은 그 자체가 죽은 것”(약 2:17)이라고 말씀합니다. 예수님을 진정으로 믿는다면 행하지 않을 수가 없습니다. 하나님의 말씀에 순종하지 않을 수가 없습니다. 만약 하나님의 말씀에 순종하지 않는다면 그 믿음은 가짜이고 그런 믿음으로는 구원을 얻지 못한다는 것입니다.

예수님께서도 양과 염소의 비유(마 25:31-46) 등에서 하나님이 기대하셨던 행함이 없는 자들은 지옥에 가게 될 것이라고 엄하게 경고하십니다. 또 인류의 최후의 상태를 보여 주는 요한계시록에서도 지옥에 갈 자들은 행함이 없는 자들이라고 분명히 말씀하고 있습니다. “그러나 두려워하는 자들과 믿지 아니하는 자들과 흉악한 자들과 살인자들과 음행하는 자들과 점술가들과 우상 숭배자들과 거짓말하는 모든 자들은 불과 유황으로 타는 못에 던져지리니 이것이 둘째 사망이라”(계 21:8).

얼마나 두려운 말씀입니까? 우리에게 바른 믿음이 있다면 우리는 행함을 통해 그것을 드러내 보여야 합니다. "너는 믿음이 있고 나는 행함이 있으니 행함이 없는 네 믿음을 내게 보이라 나는 행함으로 내 믿음을 네게 보이리라"(약 2:18). 구원은 오직 믿음으로 얻는 것이지만 행함이 없는 믿음은 죽은 믿음입니다. 죽은 믿음을 가지고는 구원을 받을 수 없습니다. 믿는 자들이 행함에 대해 무관심하게 된 것은 정말 안타까운 일이 아닐 수 없습니다.

2) 세상을 어떻게 변화시킬 수 있을지 모른다

한국교회가 비난을 받는 두 번째 이유는 설사 그들이 기독교인으로서 바른 행동을 하며 살기로 결심했다고 하더라도 무엇을 어떻게 해야 할지 모르기 때문입니다. 물론 착하게 살고, 이웃에게 친절하고, 직장에서 좀 더 성실하고 정직하게 살아야 한다는 것 정도는 다들 알고 있습니다. 그리고 그렇게 살려고 실제로 노력합니다. 하지만 그것들은 개인적이고 아주 좁은 의미에서의 실천일 뿐입니다. 개인적인 그런 노력들만으로는 세상을 변화시키기에는 역부족입니다.

하나님은 만왕의 왕이시고 만주의 주이십니다(딤전 6:15; 계 17:14; 19:16). 그렇기 때문에 우리 기독교인들은 세상의 정치, 경제, 사회, 문화 그 어떤 분야이건 그것을 사탄의 손에 내어주는 것이 아니라 그곳에서도 하나님의 뜻이 이루어지도록 하기 위해 노력해야 합니다. 그러기 위해서는 무엇이 문제인지를 분석할 수 있어야 하고, 어떻게 해야 그곳에서 하나님의 영광이 드러나게 될지를 알고 있어야 합니다. 즉 전문적인 지식이 필요하다는 것입니다.

이것은 기독교 세계관에 기초한 교육을 받은 사람들이 할 수 있는 일입니다. 그러나 애석하게도 한국교회는 성도들에게 각자의 전문분야 속에서 어떻게 행동해야 할지를 가르쳐 오지 않았습니다. 그렇기 때문에 백석학원에서는 이 일을 위해 노력해 오고 있습니다. 즉 학생들이 우리 학교에서 자신의 전공과목을 통해 하나님께 영광을 돌리며 사는 법을 배우고 실제로 평생 그렇게 살도록 격려하고 있습니다.

3) 세상에 대한 사랑이 없다

오늘날 기독교인들이 손가락질을 받는 이유는 위에서 설명한 대로 행함을 너무 경시했기 때문이기도 하고 사회 속에서 전문적으로 어떻게 일을 해야 하는지를 제대로 배우지 못했기 때문이기도 합니다. 하지만 그것들보다 더 큰 이유는 세상에 대한, 특히 가난하고 약하고 소외된 사람들에 대한 사랑이 없기 때문입니다.

가난하고 약한 사람들에 대한 사랑이 충만하다면 비록 전문적인 지식이 없다고 하더라도 어떻게든 그들을 돕기 위해 노력해 왔을 것이고 지금처럼 교회가, 기독교인들이 세상 사람들로부터 비판을 받는 일은 없었을 것입니다. 예수님께서는 세상에 계실 때에 가난한 자들, 죄인이라고 손가락질받는 자들과 함께 교제하시며 그들의 위로자가 되어 주셨습니다. 그리고 그 작은 자들 중 하나에게 한 일이 곧 내게 한 일이라고 교훈해 주셨습니다. "내가 진실로 너희에게 이르노니 너희가 여기 내 형제 중에 지극히 작은 자 하나에게 한 것이 곧 내게 한 것이니라"(마 25:40). 우리는 예수님의 뜻을 받들어 우리 주위의 가난한 자들, 약한 자들에게 사랑의 손길을 내밀어야 할 것입니다. 그럴 때에 전도의 문이 활짝 열리게 될 것입니다.

5. 성경적 해법

하나님나라운동은 온 세상 모든 분야를 하나님의 나라로 만들어야 한다는 운동입니다. 교회만이 아니라 기독교대학만이 아니라 정치, 경제, 사회, 모든 분야를 하나님의 나라로 만들어서 그 가운데서 하나님의 뜻이 이루어지도록 만들어야 한다는 운동입니다. 우리에게 그렇게 할 것을 명령하는 성경구절들을 몇 가지 살펴보도록 하겠습니다.

1) 세상 만물은 하나님의 피조물이다

"하나님이 그들에게 복을 주시며 하나님이 그들에게 이르시되 생육하고 번성하여 땅에 충만하라 땅을 정복하라 바다의 물고기와 하늘의 새와 땅에 움직이는 모든 생물을 다스리라 하시니라"(창 1:28).

이 말씀의 요지는 하나님께서 세상의 모든 것들을 관리하고 다스릴 수 있는 권한과 책임을 인간들에게 주셨다는 것입니다. 주인이 자신의 소유물을 어떤 사람에게 위임했다면 그 사람은 주인의 뜻에 맞게 그 소유물을 관리할 책임이 있습니다. 전체 시민들을 위한 좋은 공원을 만들어 달라고 어떤 사람에게 땅을 위탁했는데, 그곳에 마음대로 공장을 세우면 안 되는 것과 같습니다.

우리는 이 세상을 하나님으로부터 위탁받은 사람들입니다. 그러므로 그곳에서 하나님의 뜻이 이루어지도록 해야 합니다. 정치 분야에서는 모든 사람이 하나님의 형상으로 소중하게 존중받으며 살 수 있는 세상을 만들어 나가도록 노력해야 할 것이고, 경제 분야에서는 인간이 돈을 벌기 위한 도구가 아니라 궁극적인 목적으로 대우받는 세상이 되도록 노력해야 할 것입니다. 또 사회, 문화 모든 분야에서도 성경이 가르쳐 주시는 하나님의 뜻이 이루어지도록 노력해야 할 책임이 우리들에게 있습니다.

2) 우리는 삶의 모든 분야에서 예수님의 가르침에 순종해야 한다

"내가 너희에게 분부한 모든 것을 가르쳐 지키게 하라"(마 28:20).

이 말씀은 예수님께서 승천하시기 전에 하신 말씀입니다. 이 구절이 등장하는 단락 전체를 소개하면 다음과 같습니다. "그러므로 너희는 가서 모든 민족을 제자로 삼아 아버지와 아들과 성령의 이름으로 세례를 베풀고 내가 너희에게 분부한 모든 것을 가르쳐 지키게 하라 볼지어다 내가 세상 끝날까지 너희와 항상 함께 있으리라 하시니라"(마 28:19-20).

이 구절에서 명령형은 '제자를 삼으라'라는 말씀 한 가지입니다. 나머지는 제자를 삼는 방법을 설명하시고 있습니다. 어떤 사람을 예수님의 제자로 만들기 위해서는 두 가지를 해야 합니다. 하나는 세례를 베푸는 것이고 다른 하나는 가르치는 것입니다. 두 가지 중에 더 중요하고 덜 중요한 것이 없습니다.

즉 어떤 사람을 예수님의 제자로 만들려면 삼위일체 하나님의 이름으로 세례를 주는 것과 예수님의 교훈을 가르쳐서 그것을 실천하게 하는 것 두 가지가 반드시 동시에 이루어져야 합니다. 신앙고백은 잘하지만 예수님의 교훈을 알지 못한다면 아직 제자가 아니고, 반대로 예수님의 교훈대로 살기는 하는데 아직 성삼위 하나님에 대한 믿음이 없다면 그 역시 아직 제자가 된 것이 아닙니다. 예수님의 제자는 성삼위 하나님에 대한 신앙고백을 할 뿐만 아니라 예수님의 교훈을 잘 알고 있어야 합니다.

본문을 보면 예수님의 교훈을 가르치되 내가 분부한 모든 것을 가르치라고 하십니다. 예수님을 믿고 천국에 가는 도리는 물론이고 산상설교에서 말씀하신 이 세상에서 우리가 어떤 자세로 살아야 할 것인가 하는 세세한 말씀까지 다 가르쳐야 한다는 것입니다. 이것은 신자의 삶 전체를 포괄하는 말씀입니다. 우리는 삶의 모든 부분들을 통해 하나님의 영광이 드러날 수 있도록 해야 합니다.

교훈들을 그냥 머리로 외우고 있으면 됩니까? 아닙니다. 실천하도록 가르쳐야 합니다. 실천이 따르지 않는 지식은 예수님의 제자가 되는 데 아무런 도움이 되지 않습니다. 우리가 예수님의 제자가 되기 위해서는 신앙생활, 교회생활 뿐만 아니라 삶의 모든 분야에서 예수님의 교훈을 실천해야 합니다. 그리고 그것이 바로 하나님나라운동입니다.

3) 세상의 모든 영역은 하나님의 영토다

"이는 만물이 주에게서 나오고 주로 말미암고 주에게로 돌아감이라 그에게 영광이 세세에 있을지어다 아멘"(롬 11:36).

이 구절은 왜 우리가 교회뿐만 아니라 정치, 경제, 사회, 문화 모든 분야에서 하나님의 뜻을 실천하기 위해 노력해야 하는지를 잘 보여 줍니다. 그것은 하나님이 세상 모든 것의 창조주이시고, 세상 모든 것의 주권자이시기 때문입니다. 세상의 그 어느 것도 하나님 없이는 존재할 수 없습니다. 세상 모든 것의 주인은 하나님이십니다.

하지만 사탄이 인간의 범죄를 틈타 세상에 들어와 하나님 대신 주인 노릇을 하고 있습니다. 우리는 이것을 그냥 놔두고 보아야 하겠습니까? 아니면 "나가라. 이곳은 원래 하나님의 영토다"라고 하며 사탄을 내쫓아야 하겠습니까? 당연히 내쫓아야 할 것입니다. 이것은 꼭 지역적인 개념의 이야기가 아닙니다. 이 세상의 모든 분야에 대한 이야기입니다.

우리는 "하나님 아는 것을 대적하여 높아진 것을 다 무너뜨리고 모든 생각을 사로잡아 그리스도에게 복종하게 하니"(고후 10:5)라는 말씀이 이루어지도록 해야 합니다. 하나님은 교회에서 뿐만 아니라 정치계, 체육계, 연예계 등에서도 모두 왕으로 섬김을 받으셔야 합니다. 그것이 하나님나라운동의 목표입니다.

4) 세상 만물은 하나님을 위해 존재한다

> "만물이 그에게서 창조되되 하늘과 땅에서 보이는 것들과 보이지 않는 것들과 혹은 왕권들이나 주권들이나 통치자들이나 권세들이나 만물이 다 그로 말미암고 그를 위하여 창조되었고"(골 1:16).

이 구절은 하나님이 만물의 창조자이시며 그것들은 모두 하나님을 위해 창조되었다고 말씀합니다. 즉 만물의 창조 목적은 하나님의 영광이라는 것입니다. 세상에 존재하는 모든 것은 하나님의 영광을 위해 쓰일 수 있습니다. 하나님을 믿는 자들은 그 방법을 밝혀내야 하고, 그 일을 연구하는 것을 우리는 기독교 학문이라고 부릅니다.

6. 실천 사례

케임브리지 대학교 영문학 교수였던 C.S. 루이스가 쓴 『나니아 연대기』는 전 세계 판매 부수 1억을 기록한 판타지 아동문학의 고전입니다. 사자 아슬란의 자기 희생과 부활을 보여 주며 기독교적 세계관을 직접적으로 드러낸 작품입니다. 이것은 세상 문화가 기독교 세계관을 통해 어떻게 바뀔 수 있는가를 보여 준 대표적 실례입니다. 그리스도인들이 더 좋은 문화, 더 건전한 상품을 많이 만들어내는 것이 변화의 길입니다. 우리가 해야 할 일은 문화, 정치, 교육, 사업 등 모든 인간 활동 속으로 뛰어 들어가 새로운 것을 만들어내는 것입니다.

우리 백석학원에서는 오래 전부터 하나님나라운동을 실천하기 위해 노력해 왔습니다. 그 대표적인 활동 네 가지를 소개해 드리려고 합니다. 그것은 신앙과 학문 연구, 신앙과 행정 연구, 기독교 학문 연구 소모임, 그리고 학부 학생들을 대상으로 실시되는 『기독교 세계관』 과목입니다.

1) 신앙과 학문 연구(FLS: Faith and Learning Seminar)

백석학원에서는 서울과 천안에서 매학기 자원하는 약 10명의 교수들을 대상으로 10주 동안 신앙과 학문 연구 세미나를 개최합니다. 세 단계로 나누어져 있어서 한 학기 동안 신앙과 학문 연구 제1과정을 마친 교수들은 다음 학기인 제2과정에 참여할 수 있고, 제2과정을 마친 교수들은 제3과정에 참여할 수 있습니다. 천안 캠퍼스의 경우 매주 금요일 오전에 두세 시간씩 진행합니다.

제1과정에서는 백석학원의 설립정신을 비롯하여 우리 학교의 신앙적 정체성인 개혁주의생명신학, 기독교 세계관, 기독교 학문, 신구약 성경 등을 집중적으로 배웁니다. 제2과정에서는 각 학문 분야에서 이미 이루어진 기독교 학문의 결과들을 살펴보고 자신이 쓸 논문의 틀을 잡는 연습을 합니다. 그리고 제3과정에서는 일 년 동안 각자의 전공 분야와 관련된 기독교적 관점에서의 논문을 작성합니다. 2007년도 2학기에 처음 시작된 신앙과 학문 연구 세미나는 현재까지 교수들의 적극적인 참여 속에 진행되고 있습니다.

천안 캠퍼스의 경우 2018년 상반기 현재 제1단계는 320여 명(백석대학교 250여 명, 백석문화대학교 70여 명), 제2단계는 180여 명(백석대학교 140여 명, 백석문화대학교 40여 명), 그리고 제3단계는 36명(백석대학교 29명, 백석문화대학교 7명)의 교수들이 신앙과 학문 연구 세미나를 수료했습니다.

2) 신앙과 행정 연구(FAS: Faith and Administration Seminar)

신앙과 학문 연구가 교수들을 위한 세미나이고 기독교 학문을 주 내용으로 한다면 신앙과 행정 연구는 직원들을 위한 세미나입니다. 기독교대학의 행정은 일반 세상 행정과 달라야 합니다. 하나님의 뜻에 더 맞고 사람들을 더 섬기는 행정이 되어야 합니다. 천안 캠퍼스에서 진행되고 있는 신앙과 행정 연구 세미나는 2014년 2학기부터 시작되었고, 금요일 오후에 10주 동안 실시되고 있습니다.

천안 캠퍼스의 경우 2018년 상반기 현재 제1단계는 60여 명, 제2단계는 30여 명의 직원들이 신앙과 행정 연구 세미나를 수료했습니다.

3) 기독교 학문 연구 소모임

이것은 신앙과 학문 연구 세미나를 수료한 교수들이 주축이 되어 매학기 소그룹을 결성하여 기독교 학문에 대한 책을 읽고 연구를 하는 모임입니다. 2015년 1학기부터 시작되어 지금까지 활발히 이어지고 있습니다. 지금까지 이 소모임 과정에 참여한 교수들의 수는 모두 100여 명입니다.

이 모든 사업을 주관하고 있는 백석정신아카데미에서는 신앙과 학문 연구를 수료한 교수들이 제출한 보고서와 기독교 학문 논문을 인터넷 자료실에 올리고 있는데, 이미 500편이 넘는 자료들이 축적된 상태입니다. 이것은 국내 기독교대학교들 중에서는 단연 최고이고 전 세계 기독교대학들 중에서도 자랑스러워할 수 있는 숫자입니다.

4) 『기독교 세계관』 과목

하나님나라운동을 펼치기 위한 백석학원의 노력은 그 대상이 교수와 직원에게 국한되지 않습니다. 우리는 학생들을 위한 기독교 세계관에 기초한 기독교 학문 교재도 만들어냈습니다. 각 학부별로 전공 교수들이 집필하여 만든 이 교재는 학생들이 자신들의 전공을 통해 어떻게 하나님을 섬기며 살 수 있을 것인지를 알려줍니다. 백석대학교 학생들은 3학년 2학기에 전공과목 교수들로부터 자신들의 전공과 기독교 신앙의 접목에 관한 교육을 받습니다.

개혁주의생명신학이 목표로 하는 것은 교회에서의 신앙생활만이 아닙니다. 왜냐하면 우리가 섬기는 하나님은 교회만이 아니라 온 세상의 창조주이시고 모든 것들의 주인이시기 때문입니다. 그렇기 때문에 개혁주의생명신학은 하나님의 이름이 세상 모든 분야 속에서 높아지시는 것을 목표로 두고 있고 우리는 그것을 하나님나라운동이라고 부릅니다. 우리가 성경적인 기독교 세계관으로 잘 무장되어 학생들을 가르칠 때 그 학생들이 세상을 바꾸어 나갈 수 있을 것입니다. 그리고 세상 사람들은 그런 모습을 보며 예수 그리스도의 복음을 더 잘 받아들이게 될 것입니다.

5. 하나님나라운동 | 실천적 제안

❶ "예수 그리스도께서 '이곳은 나의 통치 영역이 아니다'라고 말씀하실 곳은 온 우주 가운데 단 1평방인치도 없다."

- 아브라함 카이퍼(A. Kuyper)

삶의 모든 영역에서 그리스도의 주 되심을 실현하도록 노력하자.

---

❷ 세상에 존재하는 모든 것은 하나님의 영광을 위해 쓰일 수 있다. 우리가 무슨 일을 하든지 오직 하나님의 영광을 위해!

---

❸ 오늘날 대학은 비기독교적임을 넘어
반기독교적 기풍으로 충일해 가고 있다,
학문 세계에서도 하나님의 주권을 회복하라.

---

❹ 하나님 나라를 확장하기 위해
성경이 제시하는 하나님의 관점을 후세에게 가르치자.
기독교 세계관은 모든 분야에서 이루어져야 한다.

---

❺ 지금 가장 시급하게 해결되어야 할 사회 문제는 무엇인가?
이에 대해 적극적인 관심을 가지고
사회 문제를 해결하시는 하나님께 기도하자.

---

❻ 서로 다른 차이는 있을지언정 차별은 없다.
사회적 약자에게 그리스도의 사랑으로 한 걸음 다가서자.
약자를 존중할 때 평화!

---

❼ 정의로운 사회를 만들기 위해 사랑의 나눔과 연대가 필요하다. 나는 삶 속에서 정의사회를 구현하는 그리스도인으로 살고 있는가?